DISCOURS

PRONONCÉ PAR

Mᴳᴿ L'ÉVÊQUE DE POITIERS

DANS SON ÉGLISE CATHÉDRALE

LE 11 OCTOBRE 1860

A l'occasion du Service solennel pour les soldats de l'Armée pontificale

qui ont succombé pendant la guerre

PARIS

VICTOR PALMÉ, LIBRAIRE-ÉDITEUR

22, RUE SAINT-SULPICE

—

1860

DISCOURS

PRONONCÉ PAR

MGR L'ÉVÊQUE DE POITIERS

DANS SON ÉGLISE CATHÉDRALE

LE 11 OCTOBRE 1860

A l'occasion du service solennel pour les soldats de l'Armée pontificale
qui ont succombé pendant la guerre

PARIS

V. PALMÉ, LIBRAIRE-ÉDITEUR,

22, rue Saint-Sulpice.

1860

Imprimerie de W. REMQUET et cie, rue Garancière, 5.

ÉLOGE FUNÈBRE

DES

VOLONTAIRES CATHOLIQUES

MORTS POUR LA DÉFENSE DES ÉTATS DE L'ÉGLISE.

> *Et iste quidem hoc modo decessit non solum juvenibus, sed universæ genti memoriam mortis suæ ad exemplum virtutis et fortitudinis. derelinquens,*
>
> Et il mourut ainsi, laissant non-seulement aux jeunes hommes, mais à toute la nation, un grand exemple de vertu et de courage dans le souvenir de sa mort.
>
> (Au 2e livre des *Machab.*, c. VI, v. 31.)

Mes très-chers Frères,

C'est une grande science, et c'est une science trop désapprise, que de savoir mourir. C'est surtout une grâce incomparable que d'être admis à mourir pour une grande cause. S'élancer sur un champ de bataille et s'y battre avec l'impétuosité du lion, c'est quelque chose dans l'opinion humaine; toutefois, malgré la noblesse de son allure, le roi du désert est un être sans raison, et c'est trop peu pour un homme que d'égaler, ou même de dépasser le farouche courage de la bête. Être engagé dans la carrière des armes par la nécessité du sort ou par le besoin qu'on a d'une profession quelconque, y servir noblement son pays et son prince, observer cette obéissance passive qui est la première loi de la discipline militaire, se ruer aveuglément sur l'ennemi auquel le prince a déclaré la guerre, c'est le commun métier du soldat; il peut y moissonner une

gloire véritable devant Dieu et devant les hommes, à
la condition pourtant qu'il saura briser son épée devant un ordre manifestement injuste ou sacrilége.
Enfin, s'enrôler de soi-même au service de la vérité et
de la justice ; épouser spontanément la cause délaissée
du droit, de la morale et de l'honneur ; embrasser le
parti du faible contre le fort, de l'innocent contre
l'oppresseur ; courir à une mort certaine pour la défense de l'Église attaquée, et tomber victime volontaire
de sa religion et de sa foi : c'est le comble de l'hé-
roïsme, c'est le plus haut degré du mérite ici-bas, c'est
le gage de la plus sublime récompense au delà de la
tombe, c'est la protestation la plus éloquente et la plus
efficace contre le succès temporaire de l'iniquité et de
l'impiété, c'est le point de départ d'une série de triom-
phes qui succéderont infailliblement à la défaite, c'est
le plus noble exemple donné à la génération contem-
poraine et aux générations futures.

Or, mes Frères, c'est de cette dernière façon qu'ont
succombé, et cet intrépide général, et ces centaines
d'officiers et de soldats, et notamment ce jeune gentil-
homme à qui nous rendons en ce moment les derniers
devoirs. De chacun d'eux nous pouvons dire : *Et iste
quidem hoc modo decessit* : « Et il est mort ainsi, lais-
« sant non-seulement aux jeunes hommes, mais à
« toute la nation un grand exemple de vertu et de bra-
« voure dans le souvenir de sa mort. »

Vous attendiez tous de moi, mes Frères, que je
monterais aujourd'hui dans cette chaire. Il est dans les
habitudes de l'Église de savoir honorer ses défenseurs et
de porter le deuil de ses morts. Et parce que, par une res-

ponsablité que je ne décline point, j'avais encouragé
et béni le départ de plusieurs de ces jeunes volontaires, je rougirais de moi, à cette heure, si, retenu
par les appréhensions d'une prudence pusillanime, je
ne leur apportais l'hommage de mon admiration avec
celui de mes prières. Vos sympathies sont acquises
d'avance à ma parole. Si elle devait blesser quelques
oreilles, j'en serais affligé. Par la grâce de Dieu, le
pays que nous habitons se nomme encore la France,
et ce nom permet toujours, ou plutôt il commande la
franchise. Je m'exprimerai donc sans détour, et la
louange des morts ne sera pas sans enseignements
pour ceux qui survivent. C'est le double but que je
me propose en payant ce modeste tribut à la mémoire
du marquis Georges de Pimodan, général de brigade
des armées pontificales, et à celle de tous ses compa-
gnons d'armes, notamment de M. Georges, comte
d'Héliand, étudiant en droit à l'École de Poitiers,
morts pour l'indépendance du Saint-Siège apostolique
et pour la défense des États de l'Église.

I

Deux considérations recommandent la cause à laquelle ceux que nous pleurons ont offert le sacrifice
de leur vie : c'est une cause sainte et c'est une cause
méconnue. Pour les cœurs vulgaires, c'eût été le
double tort de cette expédition d'être religieuse et
d'être impopulaire. Ce fut ce double caractère qui

passionna la grande âme de nos combattants ; et de là aussi la double note qui devra éternellement discerner leur mérite et leur gloire. Établissons en peu de mots une doctrine cent fois proclamée depuis l'origine de ces luttes.

L'Église sur la terre participe à la double nature du Dieu-homme qui l'a fondée, comme à la double substance des hommes pour qui elle a été fondée. Elle est divine et humaine, elle est esprit et corps. Fille du ciel et de l'éternité, elle a pour mission d'agir dans le temps sur des âmes liées à des organes, sur des êtres que leur destinée naturelle et surnaturelle appelle à vivre en société ; et pour cela, elle a besoin d'un point d'appui sur notre globe, elle a sa place obligée au sein des nations. C'est par elle que le Dieu venu en terre demeurera avec ses disciples tous les jours jusqu'à la consommation des siècles (1); c'est par elle qu'il justifiera jusqu'à la fin des temps son nom d'*Emmanuel* : Dieu avec nous, Dieu chez nous (2). Or, comme le Dieu fait chair a épousé toutes les conséquences de la condition humaine, comme il a eu ici-bas une patrie, une cité, comme il a accompli les mystères de notre salut dans la Judée, où ses pieds ont marqué leur dernière empreinte quand il remonta vers les cieux, ainsi le Vicaire vivant du Verbe Incarné, le Chef visible de l'Église, le Pasteur de toute la terre a dû avoir sa patrie, sa cité, son siége, sa demeure sur un point du globe, déterminé et préparé par les des-

(1) Matth. xxviii, 20.
(2) Matth. i, 23.

seins célestes. Mû par une inspiration supérieure, Pierre a fait élection de domicile à Rome ; il y a posé dans sa personne la pierre fondamentale de l'Église : sur cette même terre que ses pieds ont foulée, son dernier successeur laissera la poussière des siens, le jour où il s'en ira, à la tête des dernières générations humaines, au-devant du Christ dans les airs (1). En attendant, comme il n'entrait pas dans le plan de la divine sagesse que l'ordre strictement miraculeux fût durant tout le cours des âges un ordre continu et permanent ; comme l'assistance surnaturelle promise à l'Église devait se manifester à l'aide du fait humain ; on a vu, par l'action combinée des siècles et des hommes, par les œuvres des grands pontifes et le concours armé ou politique des grands princes, enfin par une protection soutenue, et, à certains jours, par une intervention manifeste d'en haut ; on a vu, dis-je, la royauté pontificale, déposée en germe avec la dépouille de Pierre dans la catacombe du Vatican, apparaître à fleur de terre aux jours de Constantin, croître et grandir à vue d'œil dans les âges suivants, puis s'épanouir, éclatante et radieuse, en tête des établissements les plus incontestés de la terre, et procurer la libre effusion de la vérité et de la grâce, l'exercice indépendant du ministère sacerdotal et de la juridiction ecclésiastique d'un pôle à l'autre depuis les jours de Charlemagne.

Que le sens dépravé de l'impie en murmure, c'est là un fait qui éclate comme le soleil au ciel de l'histoire ; et c'est aussi un lustre qui rejaillit sur toutes les insti-

(1) I Thessal. IV, 16.

tutions publiques des peuples. Dieu honore l'élément naturel, l'élément social et politique, il honore la souveraineté humaine et la dignité royale, en daignant l'admettre à fournir à son Église les conditions normales de son développement et de son action ici-bas, comme il a honoré l'eau, l'huile, le froment et le vin, en les prenant pour matière de ses sacrements. Dans tous les cas, ce que Dieu a fait ainsi, par lui-même, par le temps et par les hommes, ce qu'il a donné à son Vicaire pour le meilleur service de sa royauté spirituelle et pour l'équilibre impartial de son autorité au milieu de tous les rois et de tous les peuples, cela est saint et sacré au premier chef. Attaquer cela, c'est commettre le sacrilége, c'est ravager le domaine du Christ, c'est violer l'apanage de sa principauté, c'est usurper la dot insaisissable de son Épouse. Au contraire, défendre cela, c'est faire acte de religion ; se battre et mourir pour cela, c'est se battre et mourir, non-seulement pour la cause de la justice et de la morale, pour la cause de la souveraineté légitime et du droit européen, mais c'est se battre et mourir pour la cause de Dieu, de l'Église et du Siége apostolique. Le Pape régnant vient de le proclamer dans ces termes, et il parle en cela comme toute la tradition : *Pro Dei, Ecclesiæ et apostolicæ Sedis causa dimicarunt* (1).

« Soldats, écrivait saint Bernard aux défenseurs armés de l'Église, partez sans crainte et montrez-vous intrépides à poursuivre les ennemis de la croix du Christ. C'est à vous qu'il appartient de dire : Soit que

(1) Allocut. consistoriale du 28 septembre 1860.

nous vivions, soit que nous mourions, nous sommes
au Seigneur (1). Que de gloire pour vous, si vous re-
venez victorieux du combat! Que de félicité pour vous
si vous tombez martyrs dans le combat ! car si ceux-là
sont heureux qui meurent dans le Seigneur, combien
plus ceux qui meurent pour le Seigneur (2) ! »

« Votre milice, leur disait-il encore, vous épargne
un sujet d'effroi dont la conscience des milices terres-
tres n'est pas toujours exempte ; car enfin, la cause
des guerres est souvent légère et frivole : que serait-ce
si elle était criminelle et impie ! Soldat du siècle,
prends garde que ta vaillance n'aboutisse qu'à te faire
vivre ou mourir homicide. Il est des causes pour lesquelles il n'y a de sûreté ni à donner la mort ni à la
recevoir. Mais vous, athlètes du Christ, vous combattez
avec sécurité les combats de Dieu. Si vous renversez
l'ennemi, c'est un gain pour l'Église ; si vous êtes
renversés, c'est un gain pour vous-mêmes. Que vous
infligiez le trépas ou que vous le subissiez, vous faites
les affaires du Christ et les vôtres·(3). »

Il est vrai, mes Frères, ceux à qui saint Bernard
adressait cette exhortation, combattaient pour la délivrance de Jérusalem ; ils avaient formé une ligue
sacrée pour le recouvrement de la Palestine. Et le
pathétique abbé de Clairvaux, afin d'exciter davantage
leur ardeur, se complaisait dans l'énumération et la
description des Lieux-Saints confiés à leur garde : Beth-
léem, Nazareth, le mont des Oliviers et la vallée de

(1) Rom. xiv, 8.
(2) Apoc. xiv, 13.
(3) *De laude novæ Militiæ : ad Milites Templi*, i, ii, iii.

Josaphat, le Jourdain, le Calvaire, le Saint-Sépulcre, Bethphagé, Béthanie (1). « Or donc, disait-il en finis-
« sant, ce sont ces délices de la terre, c'est ce trésor
« céleste, c'est cet héritage des peuples fidèles qu'il
« s'agit de sauver : voilà ce dont la défense est remise
« à votre fidélité, à votre bravoure (2). »

Mes Frères, Dieu me garde de déprécier l'antique Jérusalem ! Dieu me garde de diminuer la gloire des anciens croisés ! Je voudrais bien plutôt pouvoir ral- lumer leur ardeur dans vos veines, et vous enrôler par milliers pour marcher au renversement de l'isla- misme, atteint d'un nouvel accès de rage dans sa dé- crépitude. Je voudrais pouvoir laver dans mon sang et dans le vôtre toutes les hontes et tous les crimes des temps modernes par rapport aux lieux saints. Qu'ils se montrent, et nous les couvrirons de nos acclama- tions, de nos bénédictions, les peuples et les princes qui sauraient rendre à la piété des catholiques, à l'au- torité prépondérante des Latins, des monuments dont l'accès a été si chèrement acheté et payé par nos pères !

Toutefois, je l'ai déjà dit, et je le répète ici haute- ment : il est pour nous une autre Jérusalem meilleure, plus précieuse, plus nécessaire que celle de la Palestine. Celle-ci est une grande relique ; et encore bien que le culte des reliques occupe son rang dans l'économie du christianisme, encore que l'anathème soit porté contre ceux qui le nient, la pratique n'en est imposée pour- tant par aucune nécessité de moyen ni de précepte.

(1) *De laude novæ Militiæ*, v. — VIII.
(2) *Ibid.*, XIII, 31.

Rome, au contraire, c'est le siége vivant et permanent de la lumière, de la grâce et de l'autorité du Christ ; c'est la tête animée de l'Église ; c'est l'œil par lequel elle voit sans jamais être trompée, la bouche par laquelle elle parle sans jamais tromper ; c'est le cerveau d'où s'échappent les esprits vitaux qui circulent dans tout le corps ; c'est le cœur qui envoie le sang et la chaleur jusqu'aux extrémités des membres. J'ai parlé de reliques : Rome, par son histoire, par ses monuments, par ses sanctuaires et ceux de l'Italie, par la sainte crèche et les instruments de la passion apportés dans ses murs, par ses cimetières sacrés, par les ossements de Pierre, de Paul, et de tant de milliers d'autres, c'est le plus immense reliquaire du monde. Mais, par dessus tout, Rome, c'est le centre doctrinal, c'est le sommet hiérarchique, et, comme parle déjà notre Église gallicane du second siècle, c'est la chaire principalement principale vers laquelle il faut aboutir, à laquelle il faut se rattacher de tous les points du monde habités par les fidèles (1). Or, si c'est Rome qui est menacée, si c'est Rome dont l'indépendance est violée, dont les provinces sont envahies, dont le périmètre séculaire est rétréci, dont les abords sont coupés par une nation, par un prince quelconque ; lors même que ce prince, au lieu de porter le turban de Mahomet, parerait encore son front des diamants de la couronne de Chypre et de Jérusalem ; levez-vous, soldats du Christ. Puisque Astolfe, puisque Didier, ont reparu, debout la grande ombre de Pépin et de Charlemagne !

(1) S. Iren. L. iii, c. 3, p. 175.

Ou si, par des mystères que nous ne voulons pas son-
der, l'épée de Pépin et de Charlemagne demeure con-
signée au fourreau ; si les bataillons français ne peuvent franchir les monts et les mers que pour assister,
passifs et immobiles, à l'invasion sacrilége des nouveaux
Lombards ; s'ils sont là comme témoins d'un duel,
comme spectateurs d'une lutte, et non comme les tu-
teurs armés du faible, comme les adversaires terribles
de l'assaillant : partez, généreux volontaires ; partez
des quatre vents et du sein de toutes les races catholiques. Non, quoique ce titre puisse parfois être accepté
sans honte, vous ne formerez point une légion étran-
gère. On est toujours au service de sa patrie, quand on
est au service de son père. Et si je ne sais quel patrio-
tisme tardif et mal-né s'avisait de vous renier, dites
que votre roi s'appelle Pépin et votre empereur Charlemagne ; dites que votre bannière, c'est l'oriflamme
de Saint-Denys ; dites qu'un soldat français, au lieu
de perdre ses titres de naturalisation, les reconquer-
rait bien plutôt en faisant les œuvres de la France très-
chrétienne, en acquittant les dettes de la fille aînée de
l'Église.

Je le sais, parmi ceux à qui vous direz cela, beaucoup
sont incapables et sont indignes de l'entendre. Mais le
grand nombre, le nombre infini, est-ce donc toujours
le nombre des sages (1)? Est-ce que l'assemblée des
saints qui règnent là-haut ne se nomme pas le petit
nombre des *élus* (2)? Entendez-le bien, mes Frères :

(1) Eccles. i, 15.
(2) Matth. xx, 16.

le ciel, c'est une *élite*. Dieu a cette fierté de n'admetre
à sa cour et dans sa plus spéciale intimité qu'une société choisie. *Hi sunt qui empti sunt de terra ex ho-
minibus , primitiæ Deo et Agno:* c'est la fleur de la
terre, la fleur de l'humanité, qui sera ainsi prélevée
et offerte en prémices à Dieu et à l'Agneau (1). A la
vérité, les rangs de cette aristocratie céleste sont ou-
verts à tous; tous y sont appelés; les premières places
y sont même offertes aux plus humbles (2); et heureux les siècles, heureuses les nations où les foules
savent répondre à l'appel divin ! Mais quand les foules
se détournent du sentier de la vérité et de la justice,
du sentier de l'honneur et de la foi, alors c'est un
surcroît de gloire pour ceux qui viennent s'y ranger.

Ici encore, vous ne m'accuserez pas de vouloir
abaisser le mérite de nos anciennes croisades. Enfants,
j'offenserais votre fierté et votre piété filiale, si j'avais
le malheur de déprécier vos pères. Ceux qui partirent
autrefois de nos contrées, on les nommait Lusignan,
Chabot, du Vergier, Montalembert, Montmorillon ou
Quatrebarbes (j'en citerais cent autres) ; et, depuis
lors, dans toutes les guerres saintes, on a vu repa-
raître au champ d'honneur quelques-uns de leurs fils.
Du haut de cette chaire où je suis assis, le grand
Hilaire avait dit que « Dieu veut des soldats de longue
haleine, des guerriers capables d'un long combat : »
Christus vult longi prœlii militem (3). Sa parole a été
entendue. Nulle part les races n'ont été plus acharnées

(1) Apoc. xiv, 3, 4.
(2) Matth. xx, 16.
(3) *Tract. in Psalm.* cviii, 2.

aux combats du Seigneur que dans nos provinces occi-
dentales de la France. Aujourd'hui encore, il est beau
de les retrouver presque toutes à l'œuvre, et d'entendre
ceux de leurs rejetons lointains, qui ne tiennent pas
l'épée s'excuser de n'offrir à la religion que le glaive
de leur plume. Mais les ancêtres, à leur tour, me trou-
veront équitable envers leurs descendants, si je dis
que ceux-ci ont une gloire qui leur est propre.

Aux temps de nos grandes expéditions chrétiennes, le
monde entier était chrétien. Le chevalier qui prenait
la croix obéissait à un ébranlement national, à un en-
traînement universel ; la conquête du sépulcre de
J. C., la délivrance de Jérusalem, avaient électrisé toutes
les âmes ; le Sarrasin infidèle excitait l'horreur de
toute l'Europe ; les rois marchaient à la tête de leurs
peuples. Aujourd'hui, il n'est que trop vrai, la lumière
chrétienne a baissé ; le positivisme de la matière, le
naturalisme de la science, des institutions et des
mœurs, a fait la nuit morale dans le monde ; la séduc-
tion de l'erreur a obscurci des milliers d'intelligences.
Dans la question actuelle, des sophismes à peine spé-
cieux ont suffi à déconcerter beaucoup même de bons
esprits ; des pamphlets tristement autorisés, se substi-
tuant aux grandes voix de Pierre l'Hermite et de saint
Bernard, ont prêché la croisade au rebours et per-
verti le sens religieux des peuples. Par le crime d'une
presse qui se dit conservatrice et qui sera responsable
de la désorganisation du monde entier, la grande cause
qui s'agite a été quelque temps incomprise ; enfin, les
chefs des nations n'ont pas imprimé l'élan vers elle.
Or, c'est à ces heures de ténèbres, c'est à ces heures

de défaillance, qu'il est beau de garder toute son indépendance, toute son énergie. Être grand dans un
siècle où l'esprit public vous soulève en quelque sorte
de terre et vous porte en haut, c'est sans doute encore
un mérite. Mais se tenir debout, mais concevoir les
grandes résolutions, les généreuses entreprises quand
tous les courages sont à terre : voilà le comble de
l'honneur, voilà le sceau qui distinguera toujours nos
anciens et nos nouveaux Machabées. Saint Grégoire
de Nazianze les a bien définis quand il a dit d'eux
qu'ils « étaient plus hauts que leurs temps (1) : »
Temporibus Antiochi regis excelsiores. Oui, ils ont
porté la dignité humaine et la conscience religieuse à
des hauteurs inespérées sous de tels règnes. Gloire
donc à ces vaillants d'Israël, qui n'ont cédé à aucun
mobile humain, qui ont marché à l'encontre du torrent, qui n'ont pris conseil que de leur grande âme
et de leur foi, et qui ont été « plus hauts que leurs
temps » : *Temporibus suis excelsiores.* .

Mais, me dites-vous, en se séparant de l'esprit de
leur époque, ils ont été vaincus.

Vaincus? Entendez ce bulletin laconique : « L'armée pontificale n'a pas été vaincue, elle a été trahie et
assassinée. » Oui, cernés à l'improviste, attaqués sans
déclaration de guerre, contre le droit des gens, par
des forces dix fois supérieures aux leurs, au lendemain
d'une assurance de paix, ils ont été écrasés par le
nombre, et ils ont succombé, ces preux de vingt ans,
dont plusieurs étaient à peine formés au maniement

(1) Orat. XXII.

des armes. Mais ils ont succombé après une résistance héroïque, après des prodiges de valeur, après des faits d'armes qu'enregistreront les annales militaires. Spolète, Castelfidardo, Ancône, l'Église gardera vos noms comme elle garde ceux de Damiette, de Massoura et de Carthage. Là aussi, il y eut des défaites ; mais ces défaites furent des avantages en même temps qu'elles furent des gloires. La Grèce païenne en jugea parfois de même. « Notre devoir, disait Léonidas, c'est de défendre ce passage ; notre résolution, c'est d'y périr (1). » Et quand l'armée de Léonidas eut succombé, Lacédémone s'enorgueillit de la perte de ses guerriers ; et la défaite des Thermopyles contribua plus à l'affranchissement de la Grèce que la victoire de Marathon (2)

Vaincus ? Est-ce à leur cause, est-ce à leurs personnes que vous attachez ce stigmate ?

Leur cause, la cause de l'Église, la cause de la Papauté, ne savez-vous pas qu'elle est de celles qui ne triomphent bien qu'après qu'ont les croit jugées, perdues, condamnées : *ut vincas cum judicaris* (3) ? Comme son divin Époux marchant au Calvaire, l'Église a souvent été renversée dans le chemin, et elle y a bu de l'eau du torrent ; mais, au lendemain de sa chute, et précisément à cause de son humiliation de la veille, elle a toujours relevé sa tête plus haut : *De torrente in via bibet, propterea exaltabit caput* (4). Elle est née dans le sang du Christ ; elle a posé son trône royal à

(1) Diod. L. II, p. 4. — Plutarq., *Lacon. Apophth.* T. II, p. 225.
(2) Diod. L. II, p. 10.
(3) Ps. L, 6.
(4) Ps. CIX, 7.

Rome, sur le corps ensanglanté de Simon Pierre, le premier Vicaire du Christ ; son histoire n'est qu'une longue traînée de sang versé pour elle. « C'est une « loi établie, nous dit Bossuet, que l'Église ne peut « jouir d'aucun avantage qui ne lui coûte la mort de « ses enfants, et que, pour affermir ses droits, il faut « qu'elle répande du sang. Son Époux l'a rachetée par « le sang qu'il a versé pour elle, et il veut qu'elle achète « par un prix semblable les grâces qu'il lui ac- « corde (1). » Or donc, puisque la royauté temporelle de l'Église vient d'être baptisée dans le baptême du sang, puisque sa légitimité sacrée vient d'être confessée et scellée par le témoignage du sang, l'heure est proche où ses droits seront affermis, où la chrétienté va commencer à reprendre cœur, où le sang de ce. nouveaux martyrs va ranimer et réunir tous les esprits pour soutenir par un saint concours les intérêts de l'Église (2). Voilà pour la cause qu'ont soutenue ces nobles vaincus.

Et quant à eux-mêmes, vivants ou morts, ils n'ont moissonné que de la gloire. Gardez votre pitié pour d'autres ; gardez-la pour ceux qui ont triomphé ou qui sont morts tenant en main « les armes parricides d'un fils dégénéré : » *parricidialibus degeneris filii armis* (3). Oui, ceux qui sont à plaindre, ce sont ceux qui servent ces causes dont parle saint Bernard, ces causes pour lesquelles il n'y a pas de sûreté à donner

---

(1) *Panég. de saint Thomas de Cantorbéry*, édit. de Lebel, t. xvi, p. 370, 380.

(2) *Ibid.*, p. 602.

(3) Alloc. consistor. du 28 septembre 1860.

2

la mort ni à la recevoir (1). Mais les nôtres, et, avant tout, le noble héros de nos armées d'Afrique, le vainqueur d'Abd-el-Kader, le triomphateur de Constantine, l'irrésistible démolisseur des barricades de Paris, ne le plaignez pas : un titre plus glorieux que tous les autres lui sera désormais décerné par l'histoire, le titre de soldat de la sainte Église romaine. Qu'importe qu'il ait dû céder devant le nombre ? Judas Machabée aussi, après trente victoires glorieuses, fut un jour écrasé par des forces brutales (2). Le nom de Judas Machabée n'en resplendit pas moins aujourd'hui encore dans le monde entier. Mais qui connaît les noms de Bacchide et d'Alcime, tristes capitaines d'un plus triste roi (3)?...

O vous, jeunesse héroïque, qui aviez conçu pour votre général en chef un si vif et si juste enthousiasme, ne craignez pas que l'échec subi ternisse jamais sa mémoire. Vos arrière-neveux se glorifieront que vous ayez marché sous ses ordres, comme vous vous glorifiez pour vos pères qu'ils aient obéi à Godefroi de Bouillon ou à Tancrède. Ce que vous avez appris à faire en trois mois sous son commandement, sera écrit dans le nouveau volume des gestes de Dieu par les Francs. Venez ; à quelques rangs de la société que vous apparteniez, vous avez acquis les mêmes droits à notre admiration, à notre gratitude, à notre amour. Que vous soyez le des-

---

(1) Talibus certe ex causis neque occidere, neque occumbere tutum est. S. Bernard, *loc. cit.*, II, 3.

(2) I Machab. IX, 6-48.

(3) *Ibid.* VII, IX.

cendant titré des saints de la Provence ou l'humble
fils des artisans de la cité, que les rois vous appellent
leur cousin ou que votre blason soit plus récent et
plus modeste, vos fronts rayonnent à nos yeux du
même éclat, vos cicatrices projettent le même feu.
Venez, nous serrerons avec bonheur votre main per-
cée d'une balle ; et il nous tarde de contempler la ba-
lafre qu'un de vous a reçue en plein visage tandis qu'il
faisait de son corps un rempart à son capitaine, à l'un
de ces cinq petits-fils de Charette qui se battent si bra-
vement à cette heure. Aventuriers et mercenaires d'un
nouveau genre, vous avez fait à votre religion le sacrifice de votre carrière sociale, de votre avenir humain ;
ne le regrettez pas. Beaucoup de vos frères vous
portent envie. Quand toutes les règles les plus sacrées
de la justice, quand tous les principes du droit des
gens et de la morale des peuples civilisés sont lacérés
à la face du monde, vous avez cru qu'il ne suffisait
pas de pâlir sur les formules écrites du droit, et vous
avez eu raison. Le droit, c'est bien d'en étudier les
éléments : c'est mieux de défendre la chose !

Hélas ! nous n'aurons pas la consolation de presser
sur notre cœur tous ceux d'entre vous que nous avions
bénis. Tandis que la Vierge Marie et notre sainte reine
Radegonde enveloppaient tous nos autres enfants de
leurs miraculeux manteaux, le Dieu des armées a
exigé un holocauste ; et il a su le choisir comme il
choisit toujours ses victimes quand il médite des pensées
de miséricorde.

C'était la fleur de la distinction comme le modèle
de la ferveur et de l'innocence, ce doux et dé-

licat adolescent, Georges d'Héliand. A la veille du
départ, il écrivait ces mots à un de ses anciens maî-
tres : « Nous partirons demain soir ; ma mère a tou-
« jours le même courage, j'en voudrais avoir autant.
« La séparation est bien dure ; c'est peut-être la der-
« nière fois que je verrai ici-bas ma mère et mes
« sœurs. Je me console en pensant que je vais à Rome
« pour défendre la cause de Dieu ; si je reviens, pour
« ma mère, je l'en bénirai ; si j'y meurs, j'ai la pleine
« confiance que ce sera pour mon plus grand bien. »
Quelques jours avant la bataille il écrivait encore :
« Si je puis garder jusqu'au bout ma conscience aussi
« pure que je l'ai maintenant, je serai bien content et
« je n'aurai pas peur. Cela est dû à vos prières et à
« celles que nos mères font pour nous. » Il ajoutait :
« On dit que nous aurons bientôt des engagements
« avec les Garibaldiens » (dans leur honnêteté, ces
jeunes gens n'en avaient jamais cru d'autres possibles);
« je demande à leur chef d'attendre encore quinze
« jours, afin que je sache mieux charger mon fusil.
« Cependant, s'il venait dès demain, il peut être sûr
« qu'aucun Français ne reculera d'un pas. Je ferai
« comme mon oncle Quatrebarbes. Il récitait un
« *Memorare* au moment de l'action, pour dire à la
« sainte Vierge de le garder, et après, il ne s'occu-
« pait que de porter le plus de coups et d'en recevoir
« le moins possible. »

Vous avez entendu parler le fils, voulez-vous entendre parler la mère ? De tels monuments doivent
être enregistrés avec soin, et la chaire sacrée ne déroge
point à sa sainteté ni à sa dignité quand elle les publie

en entier. « Vous avez la bonté d'être pour mon fils
« un second père ; priez donc avec nous pour que
« Dieu lui fasse miséricorde, s'il lui restait encore
« quelque chose à expier. Je reçois à l'instant une
« lettre qui m'apprend qu'il a eu la tête emportée
« le 18. Je devrais remercier Dieu qui a fait jouir mon
« Georges d'un bonheur que je n'aurais pu lui don·
« ner s'il me l'avait laissé, et surtout des grâces sans
« nombre qu'il a accordées à ce cher enfant pendant
« le peu de temps qu'il a passé sur cette terre. Plus
« heureuse que bien des mères, j'ai pu jouir un ins-
« tant de la bonne conduite de mon Georges; j'ai pu
« voir qu'il avait profité des principes reçus de vous
« et de ses pères. Puis, pour le préserver des dangers
« qu'il devait encore rencontrer, et pour le recevoir
« avec un cœur pur et sans souillures, le bon Dieu
« me l'a repris : que son saint nom soit béni ! »

La mère qui parle ainsi est une veuve; celui dont
elle fait si résolûment le sacrifice à Dieu et à l'Église,
était un fils unique, un beau jeune homme de 19 ans,
l'héritier d'un des beaux noms militaires de l'Anjou.

O sainte Église de Dieu ! tes morts revivront et tes
décapités relèveront la tête : *Vivent mortui tui, interfecti mei resurgent* (1). Ou plutôt, tes tués n'ont pas été
tués : *interfecti tui, non interfecti* (2). Ils n'ont pas
donné leur vie pour une cause humaine, mais pour
une cause divine. La sainte théologie m'autorise donc
à dire qu'autour de leurs tempes un second jet de lu-

(1) Isaï. xxvi, 19.
(2) *Ibid.*, xxii. 2.

mière, une auréole de surcroît s'ajoutera au nimbe commun de la gloire, et qu'ils sont enrôlés, immatriculés, pour l'éternité entière, dans la blanche légion de ceux qui ont lavé leurs étoles dans le sang de l'Agneau (1). C'est parmi ce noble chœur des martyrs que nos regards iront vous chercher, ô vous tous qui avez glorieusement succombé dans cette lutte !

C'est là que nous vous reverrons, chevaleresque Pimodan, brillant soldat et historien des émouvantes guerres de la Hongrie et de l'Italie. Quiconque vous a lu ou vous a connu, le dira comme moi. Vous aviez reçu du ciel une âme éminemment guerrière, une trempe essentiellement martiale. Ces rares dons, que vous auriez voulu offrir à la France, Dieu vous a fait la grâce de finir votre vie en les employant à son propre service. Votre nature ardente, généreuse, inquiète, avait besoin de gloire ; vous avez trouvé la plus haute de toutes. Vous seriez mort de la mort des braves au sortir de cette forteresse de Peterwardein, d'où vous écriviez à vos parents un adieu si courageux et si résigné (2) ; mais, plus heureux cent fois, vous êtes mort de la mort des saints, de la mort des martyrs, au sortir de cette église de Lorette où vous et votre général en chef, et toute votre phalange catholique, vous aviez, le matin même, lavé vos âmes dans le bain de la pénitence et réchauffé vos cœurs au feu de l'hostie eucharistique.

(1) Apoc. VII, 9-4.

(2) *Souvenirs des campagnes d'Italie et de Hongrie*, par le comte G. de Pimodan. Paris, 1851, p. 245.

Seigneur mon Dieu, des dévouements si purs, si
magnifiques, ne seront pas perdus pour la terre. J'en
jure par cette maison où votre Verbe s'est fait chair :
le sang chrétien versé en abondance tout près de ses
murs, sera une semence féconde. Non, Seigneur, vous
n'auriez pas choisi un tel lieu pour y laisser dépouiller
à tout jamais votre Épouse de cette légitime royauté
qui est comme l'appendice humain et l'enveloppe cor-
porelle de sa divine essence. Nos héros ont pu être
tués, ils n'ont pu être vaincus. D'ailleurs, leur dévouement en suscitera d'autres ; car en tombant de la sorte,
ils ont laissé, non-seulement aux jeunes hommes,
mais à toute la nation un grand exemple de vertu et
de courage dans le souvenir de leur mort. C'est par
où je dois conclure brièvement.

II

Sans doute, mes Frères, quand nous exhalons notre
admiration pour ces généreux volontaires, il est permis
à leurs parents, à leurs amis, à leur cité, à leur patrie,
de revendiquer une part légitime de ces éloges. En
particulier, les vieilles races françaises ont le droit de
se féliciter, de se réjouir du grand spectacle que leurs
enfants viennent d'offrir. Les larmes, si elles ont pu
un instant couler de quelques yeux, ont perdu ce
qu'elles avaient d'amer en se mêlant à celles du Vicaire
de Jésus-Christ. « Nous ne pouvons, a-t-il dit, retenir
« nos pleurs en pensant à tant de braves guerriers, à

« tant de jeunes hommes d'élite qui étaient accourus,
« dans un sentiment plein de religion et d'honneur,
« au secours de ce principat sacré de l'Église romaine,
« et qui ont péri dans cette injuste et cruelle invasion.
« Le deuil qui retombe sur leurs familles devient no-
« tre propre deuil. Nous avons du moins la confiance
« d'y apporter quelque soulagement et quelque con-
« solation par la mention très-honorable que nous
« faisons, à la face du monde entier, de leurs enfants
« et de leurs proches qui, en donnant leur vie, ont
« fourni un si magnifique exemple de fidélité, de dé-
« vouement et d'amour à notre cause et à celle du
« Saint Siége. L'univers chrétien retentira de la gloire
« immortelle de leur nom (1). » Assurément, mes
Frères, des paroles comme celles-ci, prononcées so-
lennellement par le chef de l'Église universelle, et
inscrites à jamais dans le Bullaire romain, sont pour
les jeunes héros et pour leurs familles une délivrance
authentique de lettres de noblesse, en même temps
qu'elles ajoutent un nouveau lustre aux familles depuis longtemps déjà illustrées. Nous aimons à le dire :
cette fois encore, la noblesse de France vient de se re-
tremper dans le sacrifice, de se rajeunir dans son sang;
elle vient de reconquérir la vie par la mort. La devise
d'une des grandes maisons de notre province se vérifie
au profit de tout l'antique patriciat de la nation : *Con-
cussus surgo* : « Abattu, je me relève. »

Mais enfin, mes Frères, pendant que je parle ainsi, une
pensée de remords et de tristesse n'est-elle pas venue

---

(1) Allocut. consistor. du 18 septembre 1860.

traverser votre esprit? Eh quoi! si une poignée de braves a pu disputer la victoire, qu'eût-ce donc été si tous ceux qui pouvaient et qui devaient être à leurs côtés s'y fussent trouvés? « Leur petit nombre les honore, mais il nous accuse, » disait naguère à sa pieuse et énergique compagne un jeune père de famille, dont le nom, honoré dans cette contrée, est cher à notre Église de Poitiers. « Mon amie, ajoutait-il, vous allez être mère d'un quatrième enfant, et j'éprouve dè la douleur à vous quitter ; mais toutes les attaches de la famille existaient aussi pour nos pères, et nos pères n'en partaient pas moins là où les appelaient la foi, le devoir, laissant leurs femmes et leurs enfants à la garde de Dieu. » Et ce généreux chrétien, qui avait payé déjà largement sa dette à la religion sur les mers les plus lointaines, s'apprêtait à se rendre à Rome, quand le ciel, dans ses impénétrables desseins, l'a subitement appelé à lui (1).

Mais ses paroles ne seront pas perdues, et la flamme qu'il avait conçue ne mourra pas avec lui ; déjà elle s'est allumée dans bien des âmes. On lit dans Hérodote que Xerxès, après sa victoire des Thermopyles, « fut « effrayé d'apprendre que la Grèce renfermait dans « son sein huit mille Spartiates semblables aux trois « cents qui venaient de périr (2). » Ah! qu'ils le sachent, ceux qui ont comparé la liste de vos blessés et de vos morts à une liste d'invitation de fête à la cour de Louis XIV : eh bien, oui, il y a dans la chrétienté huit mille autres noms, et il y a beaucoup plus

(1) Le vicomte Jean des Cars.
(2) Hérodot. L. vii, c. 210 et 234.

de huit mille autres courages derrière ces courages et derrière ces noms tant admirés. Que la cause de Dieu et de l'Église les réclame une seconde fois, et ils ne feront pas défaut à l'appel.

Mais tous n'ont pas les qualités guerrières, tous ne sont pas d'âge à reprendre les armes et à supporter la vie des camps. Or, le texte même de mon discours vous a dit que ces héros ne laissaient pas seulement aux jeunes hommes, mais à toute la nation, à tous les âges, à toutes les conditions, une leçon de vertu et de courage dans le souvenir de leur mort. Eh! quoi, des enfants pleins de vie, brillants d'avenir, quittent les douceurs et les commodités de la famille, affrontent toutes les fatigues et les privations de la vie du soldat ; ils brisent leur carrière, abandonnent tous leurs rêves de fortune et de gloire ; et nous, hommes de l'âge mûr, nous nous croirions quittes de tout devoir! Mon Frère, vous n'êtes pas dans le cas de donner votre sang, sachez vous en dédommager en contribuant largement à l'entretien de ceux qui le donnent. La cause qui a réclamé des soldats, aura souvent besoin, d'ici à la fin des temps, de défenseurs de plus d'une sorte. Vous avez de l'autorité, vous avez de l'influence, ne la laissez pas accaparer au profit du mal; ne la laissez pas périr dans votre indifférence et dans votre apathie. Les intérêts qui sont en jeu ne permettent la neutralité à personne. Une presse qui se qualifie honnête et modérée, et qui fait l'infâme métier de distiller jour par jour et goutte à goutte le poison dans les âmes, une presse habile à composer les breuvages qui troublent, qui égarent, qui paralysent et qui endorment, vous offre chaque matin

sa coupe perfide. Repoussez loin de vous ces prépara-
tions artificieuses, ces amalgames meurtriers. Soyez
fermes dans votre foi, inébranlables dans vos convic-
tions. Que le bien soit toujours pour vous le bien, et le
mal toujours le mal. Celui-là n'est pas un homme,
combien moins un chrétien, qui donne indifférem-
ment son adhésion, qui adresse indistinctement son
sourire approbateur ou complaisant au vrai et au
faux, au juste et à l'injuste. Le chrétien, son symbole
n'est pas cet instrument mobile placé sur les toits et
qui obéit à tous les vents. Non, dit saint Paul, ne
soyons point fluctuants, et ne tournons pas ainsi à tout
vent de doctrine : *Ut non simus fluctuantes et circum-
feramur omni vento doctrinæ* (1). Le chrétien a des
haines énergiques comme ses amours; il exècre l'enfer et tout ce qui est de l'enfer, comme il aime Dieu et
tout ce qui intéresse Dieu. Le chrétien (un de nos frères
dans l'épiscopat vient de le dire tout près de nous
avec une voix pleine d'émotion et d'autorité (2); je lui
demande la permission de lui tendre la main du haut
de cette chaire et de répéter ses paroles); le chrétien,
quoi qu'il arrive, sait maintenir dans son cœur ces
grands principes, ces principes éternels de la vérité et
de la justice, ces maximes qu'aucun pouvoir humain
ne pourra jamais détruire :

« La force ne constitue pas le droit ;
« Le succès ne justifie rien ;

(1) Éphes. IV, 14.
(2) Lettre circulaire de Monseigneur de Nantes, 28 septembre 1860.

« La félonie et la trahison sont de mauvais appuis
« d'un trône ;

« Les rois et les peuples ont au ciel un juge sévère
« qu'on n'apaise pas en appelant la violence contre
« les faibles du nom de raison d'État ;

« Dieu est patient parce qu'il est éternel. »

Et j'ajouterai avec l'Écriture : « Satan est violent, il
« se hâte, il fait vite, il opère avec colère et précipita-
« tion, parce qu'il sait que son temps est court » :
*Habens iram magnam, sciens quod modicum tempus
habet* (1). Et je dirai aussi avec Mathathias sur son lit
de mort, alors qu'il voulait prémunir la jeunesse
d'Israël contre la plus difficile de toutes les épreuves :
« Ne vous laissez point émouvoir par la jactance de
« l'homme impie et pécheur ; car sa gloire n'est que
« fumier et pourriture ; aujourd'hui il lève le front
« avec fierté, et demain il aura disparu » : *Quia gloria
ejus, stercus et vermis est; hodie extollitur, et cras
non invenietur* (2). Enfin, en ce qui dépend de vous,
ne fournissez pas des armes contre l'Église, en admet-
tant et en répétant de confiance des maximes qui font
la principale force des ennemis de la Papauté et qui
peuvent justifier assez logiquement à leurs yeux les
entreprises que nous leur reprochons le plus. Surtout,
n'accordez pas le laisser-passer à ces dictons vulgaires
qui ont la propriété de populariser les opinions les
moins sensées. Telle est celle-ci, par exemple, qu'on fait

(1) Apoc. xii, 12.
(2) I Mach. ii, 62.

courir parmi les foules : « Rome et ses alentours, dit-
on aujourd'hui, n'est-ce pas encore plus que n'en avait
saint Pierre ? » Oui, certes, c'est beaucoup plus que
n'en avait saint Pierre ; car saint Pierre habitait les catacombes, et il vivait sous Néron qui l'a fait mourir en
croix. Si les catacombes, et, je ne dirai pas Néron,
mais quelque César de Bas-Empire trônant à Rome,
sont tout ce que vous réclamez pour le chef spirituel
du monde entier, pour le guide de deux cents millions
de consciences, dites-le. Pour nous, nous sommes
assurés sans doute que le successeur de Pierre sera toujours assisté d'en haut, et qu'il saura faire son œuvre
dans les catacombes et sous le sceptre des tyrans.
Mais nous n'absoudrons jamais les injustices et les
violences, mais nous repoussons de toutes nos forces
les spoliations sacriléges, d'abord parce que nous
sommes les défenseurs des droits légitimes de l'Église,
puis parce que nous savons que le régime ordinaire
de l'Église n'est ni le martyre ni le miracle.

Il est temps de finir, M. T. C. F. Pardonnez à
l'énergie de quelques-unes de mes paroles. Est-ce qu'on
peut demeurer de sang-froid en présence de tout ce qui
s'accomplit aujourd'hui dans le monde? Est-ce que
des profondeurs de la conscience oppressée des pasteurs il ne s'échappe pas, à certaines heures, des cris
que les circonstances commandent et qu'elles expli-
quent? Les prophètes du Très-Haut ont-ils le droit
de se taire, quand toutes les limites de l'iniquité sont
franchies, quand la cognée est au pied de l'arbre séculaire de la Papauté, quand la morale universelle est
publiquement bafouée, quand le brigandage semble

être devenu le nouveau droit des peuples? La postérité n'accusera-t-elle pas plutôt l'excès de notre modération prolongée, et n'est-il pas à craindre que l'autorité des grands docteurs ne nous reproche d'avoir oublié la mesure dans laquelle les serviteurs de Dieu doivent toujours mêler la liberté à la soumission (1)? N'avez-vous jamais entendu les apostrophes terribles de notre vieil athlète de l'Aquitaine? Je veux vous en redire quelques mots. Qu'importe que Constance ne soit pas un homme, mais un triumvirat, ou qu'il s'appelle même *Légion* (2)? Il suffit que l'esprit de Constance ait reparu sur la terre.

« Il est temps de parler, dirai-je, parce que le temps de se taire est passé. Qu'on regarde vers les nues si le Christ n'y va pas apparaître, parce que l'Antechrist domine sur la terre. Que les pasteurs élèvent la voix parce que Satan s'est transformé en ange de lumière... Plût au Dieu très-puissant que j'eusse été investi de mon ministère aux temps de Néron et de Dèce!... Le combat serait plus facile contre des ennemis déclarés... Et les peuples, témoins d'une persécution violente et manifeste, nous suivraient comme leurs chefs : *et nos populi tanquam duces suos comitarentur*, et ils nous accompagneraient dans la confession de la vérité.

« Mais maintenant, nous combattons contre un persécuteur qui trompe, contre un ennemi qui n'emploie

(1) Non oportet humilitatem carere constantia.... Interdum enim etiam regibus iniqua poscentibus turpi adulatione famulamur.... Et plerumque nos iis tanquam pro debita officii religione pie adulari existimamus. S. Hilar. Tract. in Ps. xiv, 12. — In Ps. lii, 14.

(2) Luc, viii, 36.

d'autres armes que celles de la ruse et de la séduc-
tion... Et tandis qu'il opère tant de maux, qu'il en-
traîne tant de défections, il n'a pas l'odieux de faire
des martyrs, et il nous enlève la palme des morts glorieuses... (1) »

Pontife saint et bien-aimé que Dieu a appelé au gou-
vernement de l'Église dans des jours si difficiles, nous
ne pouvons descendre de cette chaire sans jeter vers
vous un cri de respect, d'admiration et d'amour. Nous
voudrions égaler nos marques de dévouement à l'excès
de vos épreuves. Ah ! que vous nous semblez grand,
que vous nous semblez beau à cette heure ! Seul et
dernier défenseur des principes qui font vivre les
royautés, vous êtes abandonné d'elles. Objet de toutes
les colères des méchants, vous les faites reculer d'effroi
dès qu'ils approchent de vous. La postérité redira cette
majesté dans le malheur, cette sérénité dans l'orage,
cette confiance divine et cette fermeté au plus fort de
la tempête. De toute part, les chagrins assiégent votre
grande âme. Votre cœur de père, votre cœur aimant
et confiant a été cruellement trompé. Mais nous, du
moins, ô très-saint Père ! nous évêques, prêtres, fidèles de toute condition, nous ne vous abandonnerons
pas. A vous, tout ce que nous avons et tout ce que
nous sommes. Nous voudrions, nous aussi, pouvoir
parer les coups qui vous menacent, et les recevoir
pour nous seuls.

Ce que le divin Maître, au calice amer duquel vous
buvez si largement, disait à ses disciples la veille de sa

(1) S. Hilar. contr. Contant, 1, 4-7.

passion, nous voulons mériter que vous nous le disiez toujours : *Vos autem estis qui permansistis mecum in tentationibus meis* : « c'est vous qui êtes demeurés avec moi dans mes jours les plus douloureux(1). » Ah! ils vous ont donné ce gage de fidélité, et, en le donnant à votre personne et à votre cause, c'est à Jésus-Christ même qu'ils l'ont offert, ces chrétiens pour lesquels nous venons de célébrer le saint sacrifice, et sur la tombe desquels nous allons encore verser tout à l'heure nos prières. Mais j'entends déjà le Seigneur qui reprend et achève le texte que je viens d'alléguer : Enfants, leur dit-il, soldats de ma cause trahie, de mon Vicaire abandonné, de mon Église délaissée, c'est vous qui êtes accourus autour de moi dans les jours de l'abandon et de l'épreuve ; et moi, voici que j'ai préparé pour vous un royaume, comme mon Père me l'a préparé à moi-même, afin que vous mangiez et que vous buviez à ma table dans mon royaume et que vous soyez assis avec moi sur des trônes (2). Ainsi-soit-il.

(1) Luc, xxii, 28.
(2) *Ibid.*, 29.

PARIS.— IMPRIMERIE DE W. REMQUET ET Cᵉ, 5, RUE GARANCIÈRE.